DÉTAILS

SUR

LE VOYAGE AÉRIEN

DE LONDRES A WEILBURG

(DUCHÉ DE NASSAU),

PAR

M. MONCK MASON, FILS,

Membre de l'Académie de l'Industrie française et de la Société
de statistique universelle, etc., etc.

« Pennis non homini datis. »

PARIS.

DELAUNAY, LIBRAIRE, PALAIS-ROYAL.

1837.

IMPRIMERIE DE Mme HUZARD (NÉE VALLAT LA CHAPELLE),
Rue de l'Eperon, n° 7.

A

ROBERT HOLLOND, ÉCUYER,

Au zèle et au désintéressement duquel notre dernier voyage aérien doit son origine et son succès, les détails qui suivent lui sont offerts comme un faible gage d'estime et de respect,

Par son sincère ami et fidèle serviteur,

M. M.

Paris, 29 décembre 1836.

AU LECTEUR.

L'intérêt que le public a, dans tous les temps, pris aux progrès de l'aérostation, et surtout les démonstrations flatteuses dont il a bien voulu honorer notre dernière entreprise, ont concouru à me persuader qu'un récit plus exact et plus détaillé que ceux que l'on trouve ordinairement dans les feuilles périodiques ne manquerait pas d'être accueilli favorablement par les personnes qui déjà nous ont témoigné tant de sympathie et d'égards.

Dans cette vue, j'ai consacré les premiers moments dont j'ai pu disposer, après notre descente, pour réunir par ordre, comme je l'offre aujourd'hui au public, le détail des observations et des circonstances auxquelles un voyage si intéressant a nécessairement donné lieu.

Il est vrai que le public a déjà été instruit, par les journaux quotidiens, d'une partie de ce que j'avais à raconter; il est vrai aussi que, notre voyage ayant parfaitement réussi, l'intérêt qu'excitaient envers nous les prétendus dangers et l'incertitude de notre entreprise a dû, sans doute, diminuer du moment où l'on a été informé du résultat et des principaux faits que notre devoir nous engageait à communiquer sur-le-champ. Mais on ne peut pas dire que c'est dans la réussite ou la non-réussite que consiste le se ul mérite d'une pareille entreprise. Ayant eu en vue un but spécial, d'établir et de faire connaître la valeur de quelques améliorations d'où l'on devait attendre les résultats les plus avantageux, nous avions cru être dans l'obligation de faire part au monde entier des connaissances importantes que nous avions acquises dans notre voyage, ou qui pouvaient provenir des moyens que nous avions employés pour en assurer le succès.

De cette obligation, je viens de m'acquitter, en publiant, à Londres, une brochure dans laquelle j'ai essayé, autant qu'il m'a été possible, de rendre compte de notre voyage. Cependant ma tâche n'était qu'à moitié remplie; il me restait encore un devoir, car les arts et les sciences sont de tous les pays. Si l'aérostation avait fait en Angleterre des progrès rapides, je ne devais pas oublier que c'est à la France qu'on est redevable de cette découverte, qui intéresse si vivement la science et l'humanité; que l'aérostat, aujourd'hui si répandu, a été le fruit des recherches de Montgolfier; que deux autres Français, Pilâtre du Rosier et le marquis d'Arlandes, ont été les premiers qui osèrent s'élever dans les airs à ballon perdu;

qu'enfin les aérostats ont toujours joui en France d'une faveur tellement grande que, dans le troisième voyage aérien que Montgolfier exécuta à Lyon, le 19 janvier 1784, dans une montgolfière (nom que portaient alors les aérostats), avec six personnes qui l'accompagnaient dans les airs , l'enthousiasme de ceux qui voulurent faire ce voyage avec lui fut tel , qu'il s'en fallut peu qu'ils ne soutinssent leurs prétentions par les armes.

Outre ces considérations , il y a un autre motif qui m'a porté à communiquer à un pays étranger, telles qu'elles sont, les différentes circonstances qui se sont présentées dans l'expédition que nous venons d'exécuter; le désir de les mettre à l'abri de cet abus qui, plus que partout ailleurs, se manifeste dans tout ce qui a rapport à l'histoire ou à l'art de l'aérostation (1). Cultivé, dès sa nais-

(1) Un exemple sur mille suffira pour faire voir jusqu'à quel point ce système d'abus a été porté ; je parle d'une ascension qu'on prétend avoir été exécutée à Dublin , par un M. Potain, et dans laquelle on lui a fait franchir le canal de Saint George , séparant les deux îles britanniques. Les détails de ce voyage se trouvent rapportés, avec précision, dans presque tous les journaux français de l'époque. Cependant rien n'est plus faux que cette assertion ; aucune ascension de ce genre n'a eu lieu; personne de ce nom n'a jamais monté à Dublin, ni dans aucune autre partie de l'Irlande ; en effet, ce canal n'a jamais été franchi en ballon, bien que plusieurs personnes aient tenté de le faire.

sance, par des personnes qui, privées de connaissances scientifiques, ne cherchaient qu'à en faire leur métier, et développé dans un âge où les sciences physiques, encore à leur enfance, n'étaient que peu répandues parmi ceux qui avaient à prononcer sur le mérite ou la vérité de ce qui se présentait, on ne doit pas s'étonner qu'il ait donné occasion à des personnes de profiter de ces circonstances et de s'en servir pour monter dans l'opinion publique en propageant de faux exposés et en encourageant des erreurs. Mais une réputation de ce genre, placée sur de telles bases et soutenue par de tels moyens, ne pourra jamais exciter l'envie d'un esprit élevé et généreux; et quant à moi, j'aimerais bien mieux diminuer ma réputation, en abandonnant les éloges qui pourraient m'être dus pour ce que j'ai réellement fait, que de l'augmenter, aux dépens de la justice et de la vérité, en y ajoutant ceux qui pourraient provenir de faits auxquels je serais étranger.

Ce sont ces considérations qui m'ont engagé à publier dans la patrie de Montgolfier et de Pilâtre du Rosier les détails que je livre aujourd'hui au public. Il y a peut-être témérité de ma part à me charger, dans une langue étrangère, d'une tâche si difficile; mais je dois espérer qu'en faveur du motif qui m'a fait agir on ne me jugera pas avec trop de sévérité.

INTRODUCTION.

Avant de donner les détails d'un voyage que,
sous plusieurs rapports, on peut placer au rang
des plus intéressants et des plus importants du
même genre, qui ont été exécutés jusqu'ici, il est
convenable de faire quelques observations sur
l'état actuel et les progrès de l'aérostation, à
l'effet de faire apprécier le mérite des améliorations que notre entreprise avait en vue de mettre
à l'épreuve.

Depuis l'époque de la première découverte de
l'aérostat (1), il y a un demi-siècle, différents
obstacles, qui paraissaient insurmontables, ont

(1) Les personnes qui s'intéressent à l'aérostation
n'apprendront pas sans plaisir que la veuve du célèbre
Montgolfier, l'inventeur des ballons (qui portent encore
son nom), demeure en ce moment à Paris. Quoiqu'elle
ait quatre-vingt-quatre ans, elle jouit de toutes ses fa-
cultés et désire avant tout d'apprendre les progrès qu'a
faits l'art dans lequel son mari s'est rendu si célèbre.

sans cesse empêché les progrès de l'art et paralysé les efforts de tous ceux qui tentaient de le rendre docile à la volonté de l'homme et utile aux besoins de la vie.

Les principaux de ces obstacles consistaient — 1º dans l'incertitude et les frais résultant de l'usage du gaz hydrogène pour les ascensions ; 2º dans le danger, considéré comme inséparable de la profession de cet art ; 3º dans les difficultés qui, jusque-là, avaient résisté à tous les essais faits pour donner une direction à la masse *ingouvernable*; 4º enfin dans l'impossibilité où tous les aéronautes, jusqu'ici, avaient été de rester en l'air un espace de temps suffisant pour parcourir une distance convenable.

A l'effet de vaincre ces obstacles et d'amener l'aérostat à un but plus utile, il fallait réunir une longue pratique à un génie capable d'en tirer des avantages; et il y aurait de l'injustice de ma part à ne pas avouer que c'est à la réunion de ces qualités dans la personne de M. Charles Green que nous devons la découverte de tout ce qu'il y a de nou-

Elle reçoit avec beaucoup de plaisir les personnes qui s'adonnent à l'aérostation. J'ai eu l'avantage de dîner chez elle, depuis mon arrivée à Paris, et d'apprendre de sa bouche plusieurs anecdotes curieuses sur l'origine et les progrès de l'art.

veau dans la théorie, ou d'utile dans la pratique d'un art aussi sublime qu'important.

Il ne faut cependant pas croire que, par cette assertion, je prétende diminuer la réputation ou le mérite de ceux qui, jusqu'ici, se sont illustrés dans la carrière brillante de l'aérostation. Une pareille prétention, dans un pays où l'art a pris naissance, me siérait d'autant moins qu'elle serait tout à fait injuste. Sous quelque aspect qu'on puisse envisager les améliorations et les progrès, il ne faut pas perdre de vue que c'est de la France que nous tenons cet art même, qu'il ne nous reste plus qu'à perfectionner. Mes raisonnements se bornent seulement à établir un fait : c'est que toutes les améliorations, *au moyen desquelles les obstacles que j'ai énumérés, comme s'opposant à l'application de l'aérostation aux besoins de la vie, ont été jusqu'ici surmontés*, sont les fruits de l'expérience et des recherches de M. Green.

C'est à lui et à sa découverte du gaz carburé, appliqué à l'usage des aérostats, que nous sommes redevables d'avoir vaincu le premier de ces obstacles qui, jusqu'alors, avaient opposé une barrière insurmontable aux efforts des plus habiles. Jusqu'au moment de cette découverte, dont M. Green fit les premiers essais en 1821, le moyen employé pour remplir le ballon de gaz

était sans certitude, comme la dépense qu'il oc-
casionait était sans bornes. Deux et quelquefois trois jours d'attente et de soins se pas-
saient en vains efforts, sans pouvoir obtenir une
quantité suffisante de gaz hydrogène pour remplir un aérostat, d'où il s'échappait presque aussi
vite qu'il y arrivait. Pendant tout ce temps, les
différents changements dans le vent et la température, les défauts inévitables d'un appareil
vaste et gênant, augmentaient encore les difficultés ainsi que les frais énormes que nécessitait
cette opération déjà si coûteuse, et tout cela pour
parvenir à un résultat dont le but était seulement
de rester quelques heures soutenu dans l'air.

Dans un pareil état de choses, tout espoir d'a-
mélioration devenait impossible, et ce n'a été
que par la découverte qu'a faite, si à propos,
M. Green, que l'art même a évité une fin pré-
maturée. L'aérostation était en léthargie quand
cette circonstance vint lui rendre la vie et, entre
les mains d'un homme habile, en fit une profession avantageuse, tandis qu'autrefois elle n'avait
été qu'une source de difficultés et de malheurs.

Par l'application des moyens que cette découverte offre à l'aéronaute, deux ou trois jours
de soins pénibles sont maintenant l'affaire de deux
ou trois heures, et une opération qui lui coûtait
autrefois une somme de cinq à huit mille francs

se trouve tellement réduite, qu'excepté quand des circonstances et le manque de concurrence le mettent à la merci d'une société trop exigeante, à peine elle doit entrer dans ses calculs. Pour faire comprendre ce que je viens de dire, il me suffira de citer le fait que, sur plus de deux cents ascensions que M. Green a exécutées avec les mêmes moyens, et dans différentes parties de l'Angleterre, une grande portion a eu lieu sans aucuns frais de gaz quelconques, les différentes sociétés pour l'éclairage lui ayant offert, gratuitement, la quantité dont il pouvait avoir besoin (1).

Dans la crainte que ceci paraisse, à certaines personnes, n'être pas d'une exacte vérité, je dois ajouter que (dans un pays où le charbon se trouve, comme en Angleterre) la distillation, au moyen de laquelle on obtient le gaz, loin de diminuer la valeur ou la quantité des matériaux employés, ne fait que les augmenter à tel point

(1) Les avantages de cette découverte ne peuvent pas mieux se faire sentir qu'en disant que, sur mille ascensions que M. Dupuis Delcourt (dans une des brochures intéressantes qu'il a publiées sur l'aérostation) nous annoncé comme ayant eu lieu jusqu'ici, plus d'un quart de ce nombre a été exécuté par M. Charles Green; presque la moitié (482) par les différents membres de la même famille, et, selon le calcul le plus étroit, *au moins* 6l3 par les Anglais seuls.

que le coke, qui en est le résultat, produit, par son prix, une somme suffisante pour couvrir les frais d'acquisition du charbon et les gages des hommes nécessaires à cette opération. Il n'y a donc que l'usage des machines et l'intérêt de l'argent employé aux constructions qui en forment la véritable dépense.

Indépendamment, d'ailleurs, de la diminution des frais et de la certitude de l'opération en se servant du gaz hydrogène carburé (provenant du charbon de terre) de préférence au gaz hydrogène pur, il y a d'autres avantages d'une grande importance, dont l'un mérite surtout qu'on y fasse attention; je veux parler de la facilité avec laquelle il est conservé dans le ballon, à cause peut-être de la ténuité de l'hydrogène pur et de la plus forte affinité chimique qui existe entre ce dernier gaz et l'atmosphère. Dans un ballon qui pourrait retenir le gaz hydrogène carburé, sans diminution et dans sa pureté, pendant six mois, on ne pourrait pas contenir, avec les mêmes avantages, une égale quantité de gaz hydrogène pur pendant le même nombre de semaines. Il est inutile de s'étendre plus au long sur les avantages qu'offre cette propriété du gaz dont nous parlons, surtout quand nous considérons l'usage probable de l'aérostation pour des voyages de longue durée, et la difficulté, même l'impossibilité, dans la plupart des cas, de réparer les pertes de matériel, qni peuvent en résulter.

Quant à l'obstacle qui naissait du prétendu danger que couraient les aéronautes, peu de mots suffisent pour faire voir la fausseté de ce préjugé. Deux cent vingt-sept ascensions, exécutées par M. Green dans toutes les saisons de l'année, sans avoir jamais trompé le public et sans éprouver d'accident majeur, hors ce qui lui est arrivé par suite d'une lâche méchanceté(1), doivent suffire pour montrer le peu de danger qui accompagne la carrière aérostatique, quand elle est exercée par un homme habile et avec les améliorations que son expérience a introduites. Ce n'est pas d'après les circonstances ou les évènements qui se sont développés à la naissance d'un art tout à fait nouveau, moins encore d'après les efforts maladroits des personnes qui ne possèdent pas les qualités

(1) Dans une ascension que fit M. Green, avec M. Griffiths, à Cheltenham, il y a quelques années, il s'aperçut, quand il fut arrivé à une grande élévation, qu'on avait eu la méchanceté de couper les cordes qui retenaient la nacelle. Ils furent en conséquence précipités tous deux à terre, et échappèrent miraculeusement à la mort. Quoiqu'on offrît aussitôt une récompense de cent guinées, on ne put jamais découvrir ni l'auteur de ce guet-apens, ni même savoir dans quel but le coupable avait pu agir.

nécessaires pour en assurer la réussite, qu'on doit former une opinion sur un sujet quelconque; et, de mon côté, j'ose avancer sans balancer que quand on réunit l'expérience, sans laquelle on ne doit pas compter sur le succès, aux précautions que l'usage a fait connaître comme nécessaires, voyager dans un aérostat n'offre pas plus de danger que dans toute autre espèce de moyen de transport employé jusqu'ici (1).

Quelque grand que soit le mérite des précédentes découvertes de M. Green, nous n'hésitons pas à dire qu'elles ne sont pas d'une plus grande importance que celle au moyen de laquelle il est parvenu à donner à l'aéronaute le pouvoir de maintenir la force de son ballon, sans diminution, pendant le voyage le plus long qu'on puisse jamais désirer.

(1) On aura peut-être observé que je n'ai rien dit de la position actuelle de l'art, relativement aux moyens de donner une direction à l'aérostat, dont j'ai signalé l'absence comme étant le troisième et peut-être le plus important des obstacles qui, jusqu'ici, se sont opposés à l'application du ballon aux usages ordinaires de la vie. Comme la discussion de cette question causerait une digression trop longue pour les bornes de cet opuscule, et comme d'ailleurs ceci ne faisait pas partie du but que nous nous sommes proposé dans notre expédition, j'ai pensé qu'il valait mieux n'en rien dire pour le moment, me réservant de traiter cette question une autre fois.

Afin de comprendre toute l'étendue de cette découverte, dont l'application formait l'objet principal de notre dernier voyage, il est nécessaire d'avoir une idée des difficultés qu'il y avait à vaincre et des conséquences de ces difficultés, relativement aux progrès de l'aérostation.

Quand un ballon s'élève pour *naviguer* dans l'atmosphère, indépendamment de la perte de force occasionée par les imperfections qui lui sont propres, ses provisions de gaz et de lest sont assujetties à une diminution continuelle par suite de sa position. A peine a-t-il quitté la terre qu'il est aussitôt soumis à l'influence d'une variété de circonstances tendant à établir une différence dans son poids, augmentant ou diminuant le pouvoir, au moyen duquel il est soutenu. L'effet de l'humidité ou son évaporation, plus ou moins considérable, selon la grandeur de l'aérostat; les rayons du soleil, ou leur absence causée par les nuages, échauffant ou rafraîchissant la masse de gaz qu'il contient, et une foule d'autres causes plus cachées, mais non moins puissantes, toutes concourent à détruire l'équilibre que l'aéronaute doit, de toutes ses forces, tâcher de conserver. Il se passe à peine un instant sans que son attention ne soit appelée ou pour empêcher le ballon de monter, en laissant échapper du gaz, ou pour s'opposer à sa descente, en jetant du lest ; conséquence naturelle qui doit pourtant, tôt ou tard, quelles que soient sa force et sa dimension, terminer sa carrière, vaincu qu'il doit être, à la fin, par les lois de la gravitation.

Les obstacles que nous venons de signaler, M. Green, par un moyen bien simple, est parvenu à les surmonter ; il ne s'agit que de jeter une corde de la longueur convenable, et de la laisser traîner sur la terre ; ou, si l'on se trouve au dessus de la mer, de joindre à cettte corde une quantité convenable de lest susceptible de flotter à la surface de l'eau. Attachée de la sorte à la terre ou à l'Océan, au moyen d'une force dont il ne peut se débarrasser, le ballon fait de vains efforts pour changer, dans sa course, le niveau où il se trouve ; chaque pied qu'il essaie de gagner en hauteur ne fait qu'augmenter son poids par la plus grande quantité de corde qu'il enlève de la terre ; tandis que, s'il tend à descendre, chaque pied qu'il perd en élévation ne fait que diminuer sa pesanteur, en augmentant, sur la terre, l'étendue de la corde qui y traîne. Tous les changements, dont nous avons parlé plus haut, qui assujettissaient l'aérostat à une perte irréparable et continuelle de gaz et de lest, se trouvent ainsi évités, et non seulement la force ascensionnelle du ballon est maintenue dàns toute sa vigueur, pendant un espace de temps qu'on ne peut déterminer que d'après les imperfections de l'aérostat ; mais, dans tous les temps et dans toutes les circonstances , sur le vaste Océan , hors de vue de la terre , dans le brouillard le plus épais et dans la nuit la plus profonde , là direction exacte de sa marche et la force de sa rapidité sont déterminées avec l'exactitude la plus infaillible et la facilité la plus grande (1).

Cependant le caractère principal de cette amélioration consiste dans l'aspect, entièrement nouveau , sous lequel elle permet à l'aéronaute d'envisager les dangers de la mer, et l'agrandis-

(1) La marche de la corde directrice étant retardée jusqu'à un certain point, à cause de la partie qu'on laisse traîner sur la terre , tandis que le mouvement du ballon est néanmoins soumis à l'action du vent, il est évident que la position de l'aérostat doit toujours précéder celle de la corde. Une comparaison de ces deux positions, faite au moyen de la boussole, doit alors indiquer l'exacte direction de la marche de la machine. Ainsi, d'après l'angle que fait la corde directrice avec la perpendiculaire de l'aérostat, on peut se former une idée de la rapidité de sa course ; à mesure que cet angle augmente, la rapidité de sa marche augmente également, et *vice versâ;* une diminution dans cet angle indique infailliblement une diminution proportionnelle dans sa vitesse. Quand la corde est perpendiculaire, il n'y a pas d'angle , et la machine est immobile ou à peu près.

sement que par là elle donne à la carrière et aux relations d'un art qui, jusqu'ici, a dû se borner à des limites si rétrécies et si incertaines. Sous les auspices de cette découverte, l'Océan, loin d'être l'ennemi du voyageur aérien, devient son ami, et au lieu de s'opposer à ses progrès, lui offre des avantages plus certains et plus efficaces que la terre elle-même. Doué d'un tel pouvoir, l'aéronaute intrépide ne connaît point de borne à ses désirs, point d'obstacle à ses essais; assis dans son char, et traîné par le vent, il ne voit dans la mer qu'une vaste plaine, prête à le soulager des obstacles qui pourront l'embarrasser dans sa marche; dans l'Océan, qu'un champ plus étendu pour l'exercice de ces moyens que l'art vient de lui offrir pour le faire triompher de la nature. Pour lui, l'Atlantique n'est qu'un simple détroit; deux jours lui suffisent pour le franchir : le globe terrestre même n'est pas hors de son atteinte; dans quinze jours et quinze nuits, transporté par les vents alizés, il ne désespère pas de compléter dans sa course la circonférence du monde entier. Qui peut maintenant fixer des bornes à sa marche?....

DÉTAILS

SUR

LE VOYAGE AÉRIEN,

ETC. , ETC.

Telle était la position dans laquelle se trouvait l'art de l'aérostation quand M. Robert Hollond, qui, depuis long-temps, y avait pris l'intérêt le plus vif, résolut de faire connaître publiquement le mérite non équivoque des découvertes dont nous venons de parler, en entreprenant, à ses frais, une expédition aérienne sous la direction de M. Green, et dans laquelle il a bien voulu m'admettre. Ce voyage fut entrepris dans la résolution de nous laisser conduire de Londres, dans quelque direction que le vent nous eût dirigés, et à une distance suffisante pour répondre au but que nous nous étions proposé. A cet effet, les propriétaires nous prêtèrent le grand ballon du Vauxhall, qu'ils venaient de faire confectionner, et mirent leur établissement à notre disposition pour l'ascension.

Après quelques jours de retard, occasionés surtout par l'état de la température, le jour du départ fut enfin fixé au lundi, 7 novembre 1856. De bonne heure on commença à enfler le ballon, et, à une heure après midi, tout était prêt pour l'ascension. L'apparence de l'aérostat avant son départ n'était pas moins intéressant que singulier. Des vivres pour quinze jours en cas de besoin; du lest, du poids d'un tonneau (2,000 liv.), disposé dans des sacs de différentes grandeurs, marqués et étiquetés, ainsi qu'une ample provision de cordages et autres accessoires propres à une expédition aérienne, remplissaient le fond de la nacelle. Autour du cerceau qui la surmontait, on voyait suspendus des manteaux, des sacs de nuit, des barils en bois et en cuivre, des baromètres, des télescopes, des lampes, des caléfacteurs pour le café (1), des cruches de vin et des flacons d'eau de vie, avec

(1) Nous nous étions munis d'une machine pour chauffer le café et autres boissons, sans feu, au moyen de chaux que nous trempions dans l'eau; cette machine répondait parfaitement au but que nous nous étions proposé, bien que le danger qu'on voulait éviter ne demandât pas de pareilles précautions. Avec l'attention et la prudence ordinaires, il

une foule d'objets nécessaires aux besoins d'un voyage dans des régions où il aurait été impossible de rien se procurer.

Parmi les objets dont nous avions eu le soin de nous munir, étaient des passe-ports pour les principaux États de l'Europe, désignant la route singulière que nous devions prendre , et nous exemptant des formalités qu'auraient pu exiger, après notre descente, les employés des douanes ou autres. En outre, nous avions été chargés d'une lettre pour sa majesté le roi de Hollande par M. May, consul général des Pays-Bas en Angleterre. Cette lettre a été mise à la poste à Coblentz, le lendemain de notre départ de Londres (1).

n'y a aucun danger à redouter de l'usage du feu. Pendant toute la nuit nous avions une lampe allumée , sans avoir jamais rien à appréhender. Ce n'est que quand le ballon est arrivé à une très grande élévation que le gaz , se fondant par l'appendice , peut parvenir jusqu'à la lampe ; dans le cas que nous venons de signaler, il suffit de descendre la lampe quelques instants au moyen d'une corde, jusqu'à une distance suffisante pour la mettre à l'abri des atteintes du gaz.

(1) La communication suivante qui nous a été adressée par M. May, peu après notre arrivée à Paris , nous a informés de la réception de cette lettre et de l'accueil bienveillant dont sa majesté l'a honorée.

« Londres, 28 novembre 1836.

« Monsieur, ayant appris par les journaux que vous et

Tout étant préparé comme nous l'avons dit plus haut, et les voyageurs ayant pris place, à une heure et demie le ballon s'enleva majestueusement, et, poussé par une brise modérée, se dirigea vers le sud-est, traversant dans sa course les riches plaines du comté de Kent et passant successivement au dessus des villes d'Eltham, Bromley, Footscray et autres, dont la vue variait le brillant paysage qui se trouvait sous nos pieds.

Le temps était extrêmement beau pour la saison. Quelques légers nuages flottaient seuls dans l'atmosphère, et, objets d'utilité autant que d'admiration, servaient à nous indiquer l'existence des différents courans d'air à diverses hauteurs. De cette indication on verra plus loin que nous avons su nous

vos amis êtes arrivés à Paris, je ne perds pas un instant pour vous remercier bien sincèrement du soin que vous avez bien voulu prendre de la lettre que j'avais confiée à votre complaisance pour la faire parvenir au roi, à la Haye. Le 12 novembre, cette lettre est arrivée à sa destination par le courrier de Coblentz, et Sa Majesté a exprimé sa satisfaction de recevoir une lettre d'Angleterre par un moyen de communication si inusité. Le roi a écrit sur cette lettre les mots suivants : « *à garder soigneusement,* » voulant la conserver comme un témoignage de cet évènement jusqu'ici si extraordinaire. Je vous félicite, ainsi que vos compagnons, sur le succès de votre entreprise, et suis avec considération, etc., etc.　　　　J. W. MAY. »

servir avec avantage. Continuant notre direction
vers le sud-est, à deux heures quarante-huit minutes
nous traversâmes la Medway, à une distance de six
milles ouest de Rochester (1), et un peu plus d'une
heure après (quatre heures cinq minutes), nous
fûmes en vue de Canterbury, dont les tours élevées de la cathédrale se trouvaient à environ deux
milles à l'ouest. En l'honneur du maire et des
habitants de cette ville, sous le patronage duquel notre célèbre pilote avait déjà fait deux
ascensions, nous fîmes tomber un petit pa-
rachute contenant une lettre adressée au maire
avec le peu de mots que la célérité de notre passage nous permit d'écrire (2). Peu de minutes après
(quatre heures quinze minutes), nous découvrîmes, pour la première fois, la mer brillante, aux
derniers rayons du soleil couchant, et bordant

(1) M. Hollond ayant tenu note de l'heure et des distances,
ainsi que de la direction de notre marche au moyen de la
boussole, cette circonstance explique la concordance qui
existe dans les différents rapports qui ont paru, et qui
peut-être, sans cette indication, pourraient être un objet
de critique.

(2) Nous avons appris, depuis, qu'on avait reçu cette
lettre ainsi que celle adressée au maire de Douvres, quoi-
que les autres que nous avions envoyées, par les mêmes
moyens, à différentes époques de notre voyage, ne soient
pas, que nous sachions, parvenues à ceux auxquels nous
les destinions.

l'horizon dans la direction vers laquelle nous avancions rapidement. Dans cette dernière partie de notre voyage, le ballon, probablement à cause de la condensité occasionée par l'approche du soir, avait baissé graduellement, et depuis quelque temps se trouvait si près de la terre que nous pouvions, sans beaucoup de peine, parler à ceux des habitants qui se trouvaient sous nos pieds. En effet, nous étions si peu élevés, que nous vîmes distinctement une compagnie de perdrix qui, soit à cause de notre approche, soit par toute autre raison, s'était enlevée, et se réfugiait dans le taillis d'un bois qui était dans le voisinage. Une volée de corbeaux, également épouvantée à la vue d'une pareille apparition, se leva en désordre, et, après avoir cherché en vain à se sauver dans les bois environnants, prit son vol en croassant, et se dispersa de tout côté sur la terre.

A cette époque de notre voyage se présenta la première occasion de démontrer combien, par son adresse et son expérience, l'aéronaute peut exercer d'influence sur la course de sa machine, en profitant des avantages que les circonstances mettent si souvent à sa disposition.

Peu de temps après avoir perdu de vue la ville de Canterbury, nous parûmes avoir un peu dévié de la direction que jusqu'alors nous avions

conservée. Au lieu de nous diriger vers le sud-
est, comme nous l'avions fait au moyen du courant supérieur, nous nous aperçûmes que le courant inférieur, où nous nous trouvions depuis
peu, portait plus au nord, et qu'en continuant
de la sorte nous eussions bientôt pris la mer dans
la direction du North-Foreland. Comme notre but était de nous rendre, autant que les
circonstances nous le permettraient, près de
Paris (1), nous résolûmes de regagner, aussi
vite que possible, les avantages que nous avions
rencontrés dans les régions supérieures, et, en
conséquence, nous nous élevâmes pour revenir
à notre premier niveau. Rien n'était plus beau
que cette manœuvre, et son succès fut décisif. A
peine le lest était-il hors de la nacelle, que l'aérostat s'éleva majestueusement et, obéissant à
la double impulsion de son élévation croissante
et du changement du courant d'air, nous reporta
successivement en vue des objets que, peu d'instants auparavant, nous avions laissés en arrière. Revenant, pour ainsi dire, sur nos pas,

(1) Les propriétaires ayant en vue de faire une ascension
à Paris, et M. Hollond s'étant engagé, dans ce cas, à y
transporter le ballon, il était important pour nous de ne
pas nous éloigner de cette ville plus que ne le demandait
l'accomplissement de notre projet.

en moins de dix minutes nous nous trouvâmes
au dessus du château de Douvres et prêts à tra-
verser le détroit de cette ville, dans la direction
de Calais.

C'était sans doute à cette période de notre expédition, où notre course paraissait ralentie par
le détour que nous venons de signaler, que la
durée de notre présence et surtout la ligne recti-
ligne de notre approche de Douvres ont donné
lieu à l'observation faite dans les journaux de
cette ville, que la marche de l'aérostat n'excédait
pas quatre ou cinq milles par heure. En se reportant au moment où nous avions quitté Londres
et à la distance que nous avions alors parcourue,
on verra facilement la fausseté de cette opinion.
D'après ce calcul, on trouvera que le terme
moyen de notre course, jusqu'à cette époque,
excédait vingt-cinq milles par heure; la distance
entre ces deux villes étant d'environ vingt-cinq
lieues (soixante-quinze milles d'Angleterre).

Il était quatre heures quarante-huit minutes
quand nous vîmes la première ligne de vagues
se briser sur la plage au dessous de nous, et
nous pûmes dire que nous avions véritablement
quitté les côtes de notre pays pour commencer
notre voyage au dessus des régions, jusqu'ici
si redoutables, de la mer. Il aurait été impossible de ne pas se sentir ému à la grandeur du

spectacle qui s'offrait alors à nos yeux, surtout comme l'approche de la nuit nous annonçait que c'était le dernier de ce genre dont nous puissions espérer de jouir.

Derrière nous, la ligne des côtes d'Angleterre, ses falaises blanches se perdant dans l'obscurité, semblaient briller de l'éclat des lumières, qui augmentaient à chaque instant, parmi lesquelles le feu de Douvres se fit remarquer pendant long-temps et nous servit de jalon, au moyen duquel nous calculâmes la direction de notre marche. Au dessous, de chaque côté, l'Océan nous offrait un espace non interrompu de vagues entrelacées, s'étendant aussi loin que les ténèbres de la nuit, s'avançant à l'horizon, permettaient à la vue de découvrir. Vis à vis de nous, une barrière de nuages épais, ressemblant à une muraille, surmontée, dans toute sa longueur, d'une manière bizarre, de parapets, de tours, de batteries, de bastions et d'autres ouvrages de fortification, s'élevait de la mer et paraissait placée pour nous en barrer le passage. Peu de minutes après, nous avions pénétré dans ses flancs humides, et nous étions enveloppés dans une obscurité qui augmentait en raison des vapeurs qui nous entouraient et de la nuit qui avait déjà commencé. Nous n'entendions plus aucun son ; le bruit des vagues, battant sur la côte d'Angleterre, avait déjà cessé, et de ce qui se passait sur la terre, notre position, depuis long-temps, nous avait éloignés.

Je ne sais pas si c'est une observation qui mérite d'être rapportée, mais la mer (sauf peut-être quand elle est dans une agitation extrême) ne paraît pas susceptible de pouvoir produire le moindre bruit. Dégagée de tout obstacle, un silence profond accompagne sans cesse ses mouvements, et même je doute beaucoup que, dans aucun cas, l'agitation des vagues entre elles puisse donner lieu à un bruit considérable. Dans l'impossibilité où l'on a été de faire cette remarque, il faut chercher la cause qui a empêché jusqu'ici la connaissance de ce fait. Sur le rivage ou sur la mer, personne ne s'est jamais trouvé sans un point d'appui, dont l'absence est nécessaire pour mettre à même de faire cette observation. C'est dans l'aérostat, flottant dans l'atmosphère, qu'on peut seulement observer ou vérifier un tel fait.

Dans cet état, nous nous préparâmes à nous servir de ces moyens que l'expédition, comme je l'ai dit, avait pour but de vérifier; en conséquence, afin de nous prémunir contre la perte de force produite par l'augmentation du poids provenant de l'humidité de l'atmosphère, ce qu'on devait naturellement attendre à l'approche de la nuit, nous commençâmes par baisser les vais-

seaux ou barils de cuivre, dont nous nous étions
munis à cet effet. A peine avions-nous exécuté
notre dessein et en attendions-nous patiemment le
résultat, que le bruit des vagues arriva de nouveau à nos oreilles et attira notre attention. La
première impression que produisit sur nous cette
circonstance fut alors que le vent avait changé
et que nous retournions vers les rivages que nous
venions de quitter. Un coup d'œil suffit pour
nous détromper; le feu bien connu de Calais et
les lumières qui couvraient les côtes voisines
commençaient déjà à briller sous nos pieds; la
barrière de nuages, qui, comme je l'ai dit plus
haut, s'était montrée devant nous, avait disparu,
et le sol de France, étincelant de lumières, s'offrait tout à coup à nos yeux. En effet, nous avions
traversé la mer; et, dans le court espace d'une
heure qui s'était écoulée depuis notre départ
d'Angleterre, nous nous trouvions flottant tran-
quillement au dessus des rives opposées de la
France.

Avant d'aller plus loin dans notre récit, quelques mots me semblent nécessaires pour répondre à une opinion généralement reçue relativement à l'influence particulière que la mer est
censée exercer sur la pesanteur spécifique de l'aérostat, opinion provenant des difficultés qu'ont
éprouvées MM. Blanchard et Jeffreys en traver-

sant le même détroit en 1785, et dans la manière remarquable qui a fait disparaître ces difficultés du moment qu'ils arrivèrent sur la rive opposée. Il y a tant de circonstances ordinaires dans la carrière d'un aéronaute, qui, sans se servir du merveilleux ou faire naître des rapports nouveaux, peuvent expliquer d'une manière satisfaisante ces effets, que la seule difficulté est de savoir à laquelle de ces circonstances on doit les attribuer. Parmi celles-ci, l'augmentation du poids occasionée par l'humidité déposée sur la surface de l'aérostat, à cause du refroidissement de l'atmosphère pendant la première partie de leur voyage, et l'évaporation de cette humidité par la hauteur de la température (conséquence naturelle de leur arrivée dans le voisinage de la terre), suffisent pour expliquer la différence qui se montra dans le poids du ballon, à ces deux diverses époques. A part même l'humidité, la diminution seule de la température resserrant le gaz pendant le trajet, et la raréfaction qui en devait être la suite, auraient pu occasioner des conséquences bien plus extraordinaires que celles qui signalèrent le passage de Blanchard et de Jeffreys.

Avec nous, aucun effet de ce genre ne se manifesta; nous n'éprouvâmes pas sur la mer, en passant le détroit, une plus grande diminution deforce as censionnelle que, dans les circonstances semblables, nous eussions éprouvé en voyageant sur la terre.

Il était cinq heures cinquante minutes quand ce trajet fut terminé ; le lieu au dessus duquel nous arrivâmes était à environ deux milles ouest de Calais, et notre hauteur d'à peu près trois mille pieds du niveau de la mer. Comme la nuit avait déjà commencé, nous fîmes descendre de la nacelle un feu du Bengale au bout d'une longue corde, à l'effet de faire connaître notre présence aux habitants de la ville ; peu après, nous eûmes la satisfaction d'entendre le son du tambour, sans pouvoir cependant dire si cela avait lieu pour nous, ou si ce n'était que par suite du service militaire.

L'obscurité étant alors à son comble, et ne pouvant pas compter sur la lune pour faciliter nos recherches, ce n'était que par les lumières tantôt isolées, tantôt réunies, qui se montraient de tout côté au dessous de nous, que nous pouvions espérer d'obtenir connaissance de la nature du pays que nous traversions, ou nous former une idée quelconque des villes et des villages que chaque moment présentait à nos regards. La scène qui suivit alors surpassa toute description ; la surface entière de la terre, pendant plusieurs lieues à la ronde, aussi loin même que l'œil pouvait porter, n'offrait que des lumières éparses d'une population qui veillait, et déployait à nos pieds une plaine étincelante, qui semblait rivaliser avec les feux plus éloignés de la voûte céleste qui nous entourait. A chaque instant, pendant la première partie de la nuit, et avant que les habitants ne fussent livrés au repos, de grandes masses de lumières, nous indiquant l'existence d'une population plus nombreuse, se découvraient à l'horizon et nous donnaient l'idée d'un vaste incendie, dont la distance nous empêchait d'apercevoir les détails. A mesure que nous approchions, cette masse confuse d'éclairage paraissait toujours augmenter et se répandre sur un plus grand espace, jusqu'à ce que, parvenus directement au dessus, elle semblait se diviser en différentes parties, et se prolongeant en rues, ou s'étendant en carrés, nous présentait un plan exact d'une ville, diminué seulement d'après l'élévation plus ou moins grande où il arrivait que nous fussions alors.

Il serait très difficile, sinon impossible, de donner une idée quelconque de l'effet surprenant qu'une pareille scène dans une pareille circonstance devait nécessairement inspirer. Se trouver transporté d'une telle manière, dans les ténèbres de la nuit, au milieu des vastes solitudes de l'air, inconnu et inaperçu, en secret et en silence, traversant des royaumes, explorant des territoires,

promenant les regards sur des villes qui se suc-
cédaient avec une rapidité qui à peine permettait
de les examiner en détail, ce sont des circonstances,
ce sont des réflexions suffisantes pour rendre subli-
mes des scènes qui en elles-mêmes auraient eu bien
moins d'intérêt que celles que chaque instant dé-
roulait à nos yeux. Si à cela on ajoute l'incertitude qui commença à accompagner notre voyage,
incertitude qui, augmentant à mesure que nous
avancions dans la nuit et que nous nous éloignions
de ces points de reconnaissance qui auraient pu
nous aider dans nos conjectures, couvrait tout
des voiles du mystère et nous mettait dans un
embarras pire que l'ignorance même, sans savoir
où nous étions, où nous allions, ou quels étaient
les objets que nous tâchions de découvrir, on peut
se faire quelque idée de notre position extraordinaire et des impressions sous le poids desquelles
nous devions nécessairement nous trouver.

De cette manière, et soumis à l'influence de
ces sentiments, nous traversâmes une grande
partie du continent européen, ayant, à notre horizon, une immense quantité de villes et de villages dont l'éclairage artificiel nous permit de dis-
tinguer seulement ceux qui se présentèrent
pendant la première partie de la nuit.

Parmi ces dernières, une surtout par son importance, la durée du temps qu'elle resta visible

et la vue parfaite d'elle-même dont notre position verticale nous permit de jouir, fixa notre attention et attira au plus haut degré notre admiration.

Située au centre d'un canton qui, à cause des feux innombrables dont il était parsemé de tout côté, paraissait un foyer de lumière, elle semblait offrir à elle seule et dans un seul coup d'œil un abrégé de tous les charmes que nous avions jusque-là observés en détail. L'exactitude parfaite avec laquelle chaque rue était tracée au moyen de son éclairage; la position et les formes des principaux édifices, les théâtres, les places, les marchés et les bâtiments publics, indiqués par leur plus grande quantité de lumières, ainsi que le murmure éloigné d'une population active se livrant au plaisir ou au commerce, tout contribuait à faire un tableau qui, par sa singularité et son effet, n'a certainement jamais été surpassé dans tout ce que nous avions vu ou même imaginé jusqu'alors.

C'était la ville de Liége, remarquable par les nombreux fourneaux qui, établis dans son voisinage, lui prêtaient l'aspect tout particulier que nous venons de décrire et qui occasiona d'abord la supposition de son identité, dont la réalité fut confirmée par les recherches que nous fîmes depuis.

Ce spectacle fut le dernier de ce genre dont nous étions destinés à jouir. A peine avions-nous perdu de vue cette ville et la région en feu dont elle était entourée, qu'une obscurité, plus profonde que tout ce que nous avions jusque-là éprouvé, vint arracher à notre vue tout objet terrestre et nous couvrir d'un voile noir et impénétrable.

Il était alors plus de minuit, et la population entière était livrée au sommeil; les lumières étaient éteintes; tout bruit avait cessé; l'aboiement même du chien qui, de temps en temps, avait frappé nos oreilles et contribué jusqu'alors à animer notre voyage, ne se faisait plus entendre; et l'obscurité et le silence régnaient ensemble sur toute la surface de notre hémisphère.

Depuis ce moment jusqu'au point du jour, tout ce qui s'est passé se sent de l'intensité de la nuit. L'aspect de la nature étant entièrement caché à nos yeux, excepté quand des circonstances fortuites nous rapprochaient quelquefois de la terre, toutes nos observations ont dû nécessairement se borner à un recueil d'événements et de sensations mêlés de conjectures vagues et enveloppées des mystères que l'obscurité et l'incertitude devaient jeter sur une si grande partie de notre expédition. La lune qui aurait pu nous éclairer ne se montra pas. Le ciel, toujours plus sombre quand on le regarde d'en haut, qu'il ne paraît aux habitants des régions inférieures, nous semblait noircir encore davantage, tant les ténèbres de la nuit étaient épaisses. D'un autre côté, par un singulier contraste, sans doute, et par l'absence de toute vapeur, les étoiles, redoublant d'éclat, brillaient au ciel comme des étincelles du blanc le plus pur parsemées sur la voûte d'é-bène qui nous environnait. De temps en temps, de faibles éclairs, provenant de la partie septentrio-nale de notre hémisphère, illuminaient l'horizon, et après nous avoir donné une vue passagère de la terre cessaient tout à coup et nous laissaient plongés dans une obscurité encore plus grande. Dans le fait, rien ne pouvait excéder l'intensité de la nuit qui régnait pendant cette partie de notre voyage. Un abîme d'une noire profondeur semblait nous en-tourer de tout côté ; et, comme nous tâchions de pénétrer dans ce gouffre mystérieux, nous avions de la peine à éviter l'impression que nous nous formions un passage au travers d'une masse immense de marbre noir dont nous étions enveloppés, et qui, solide à quelques pouces de nous, paraissait s'amollir à notre ap-proche, afin de nous laisser parvenir plus avant dans ses flancs froids et obscurs. Les feux mêmes, que de temps en temps nous lancions de la na-celle, au lieu de diminuer les ténèbres, ne faisaient que les augmenter, et, au fur et à mesure qu'ils descendaient, semblaient se frayer un passage par la chaleur qu'ils créaient dans leur course.

Outre l'obscurité naturelle de la nuit, deux

circonstances provenant de notre position avaient contribué à produire ces effets si extraordinaires; c'est à dire l'absence de tout objet matériel susceptible de refléter les rayons épars du peu de lumière qui pouvait se trouver dans l'atmos-phère, et, en second lieu, la présence d'une lumière artificielle, dans une situation où nous pouvions nous en servir sans diminuer l'obscu-rité, qu'elle ne devait que rendre plus palpable. A la première de ces causes, nous devions l'obs-curité réelle de notre position; à la dernière, le moyen de l'apprécier par les contrastes qu'elle nous permettait de produire. Il est évident que ces deux circonstances ne peuvent jamais se ren-contrer ensemble, excepté dans une situation semblable à celle où nous étions alors : si même il était possible, par l'éloignement le plus com-plet de la lumière, de faire naître une obscurité, capable d'égaler celle à laquelle nous étions soumis, tout effort pour se servir d'une lumière artificielle, afin d'établir le contraste d'où dé-pend la force de l'impression, ne faisait que renverser la position et annuler les effets qu'elle était destinée à occasioner.

Le froid, pendant cette partie de la nuit, était extrême, comme l'indiquait non seulement le thermomètre qui variait, par moments, d'environ dix degrés au dessous (Réaumur) jusqu'à zéro, mais encore comme l'attestaient également les effets qu'ils produisaient sur les différents liquides dont nous avions fait provision. L'eau, le café, et à plus forte raison l'huile dans les différents vaisseaux, étaient complètement gelés, et ce ne fut que par la chaleur de notre lampe que nous pûmes nous procurer la quantité de ce dernier article qu'il nous fallait pendant l'obscurité prolongée de notre voyage.

C'est à ce froid intense, précédé d'un séjour prolongé dans l'atmosphère humide des régions inférieures, qu'il faut attribuer un incident qui, par l'effet qu'il devait produire sur des personnes qui l'auraient éprouvé pour la première fois, et en auraient ignoré la cause, mérite d'être rapporté ici. Il était environ trois heures et demie du matin, quand l'aérostat, ayant été allégé d'une quantité un peu trop forte de son lest, s'éleva aussitôt avec une rapidité extrême, et avant que nous eussions pris les moyens ordinaires d'en modérer l'ascension, était parvenu à une hauteur de plus de douze mille pieds. Dans ce moment, il s'échappe du ballon une explosion soudaine, suivie d'une agitation violente de la soie avec tous les indices qui doivent accompagner la destruction de l'aérostat dans une région où il n'existe que lui seul qui puisse donner lieu à des effets si imposants et si surnaturels. Au même instant, la nacelle, comme si elle avait été détachée de son soutien, éprouve une violente secousse et paraît prête à s'engloutir dans l'abîme qui se trouve au dessous. Une seconde et une troisième explosion se succèdent, accompagnées chaque fois de la répétition de ces effets épouvantables; ne laissant, dans l'esprit du voyageur étonné, aucun doute du sort dont rien maintenant ne semble capable de le sauver. Un moment après, tout est devenu tranquille; le ballon a repris sa position, et il ne reste rien qui indique l'agitation extraordinaire qu'il vient si récemment d'éprouver.

La cause de cet événement, quelque étrange qu'on puisse le trouver, est néanmoins extrêmement facile à expliquer : elle consiste dans la tendance à s'élargir que manifeste le ballon en s'élevant rapidement d'une position inférieure, et dans la résistance que lui oppose le filet déjà rempli d'humidité et ensuite fixé par la gelée dans sa forme elliptique que le poids de la nacelle l'oblige de prendre, quand les parois rétrécies de l'aérostat le lui permettent. Comme cette résistance provient d'une force *non élastique*, (la gelée), qui a collé les mailles du filet sur les parois rétrécies du ballon, il est évident que le dégagement ne peut avoir lieu que jusqu'au moment où la pression intérieure du gaz aura atteint une *certaine force*; alors, *tout d'un coup*, ce dégagement se réalise avec les effets que nous venons de signaler.

La sensation qui fait croire à une descente de la nacelle est évidemment fausse ; loin de descendre, il est prouvé, au contraire, qu'elle ne fait que monter ; c'est le mouvement inattendu et apparemment contraire aux lois de la gravitation qui occasione l'illusion, à la vraisemblance de laquelle tout contribue à concourir.

Cependant, ce qui paraîtra extraordinaire, quand tout ce qui nous environnait nous donnait des preuves non équivoques de l'intensité de la gelée, l'effet qu'elle produisait sur nous, qui n'avions pas même pris de précautions extraordinaires, n'était pas du tout en rapport, ni même tel que, dans des circonstances ordinaires, on aurait dû l'attendre.

La raison à laquelle on doit attribuer cette immunité inattendue des conséquences d'une température peu élevée provient de l'absence, pour nous, de tout courant d'air, résultat naturel de notre position, et qui caractérise surtout la navigation aérienne. D'après ceci, je ne crois pas qu'il soit nécessaire de contredire davantage l'opinion qui a gagné crédit relativement au froid et aux conséquences fâcheuses qui en avaient été le résultat pour nous.

Deux ou trois fois pendant la dernière partie de

la nuit, et après que les étoiles du matin avaient commencé à affaiblir un peu l'intensité des ténèbres qui, jusque-là, avaient caché tous les objets à nos yeux, nous sommes arrivés si près de la terre, que nous avons pu, imparfaitement, il est vrai, observer quelques uns des principaux objets qui s'y trouvaient, et obtenir quelques données sur la nature du sol qui était au dessous de nous (1). Dans ces circonstances, il nous semblait que nous traversions de grandes plaines, en partie couvertes de neige, mêlées de forêts et coupées de rivières,

(1) L'occasion de ce changement dans notre niveau, comme aussi de ceux qui eurent lieu pendant la nuit, et qui pourraient paraître en contradiction avec ce que j'ai dit de la corde directrice, demande à être expliquée. Le fait est que la corde dont nous nous étions munis n'excédait pas mille pieds de longueur, ce qui était beaucoup trop court pour l'usage général et surtout pour un voyage dans un pays que nous connaissions si peu ; ainsi, une ou deux fois pendant la nuit, portés par l'apparence des lieux, ou peut-être trompés par la forme des montagnes et des précipices que les vapeurs nous présentaient, nous nous sommes crus obligés de chercher un niveau plus élevé que celui auquel nous étions bornés par la longueur de la corde ; pour cela, nous étions obligés de jeter du lest, et alors, étant privés de l'effet de la corde, nous devînmes sujets aux balancements qui caractérisent les voyages aériens dans des circonstances ordinaires.

parmi lesquelles, comme nous l'avons reconnu depuis, la Meuse au commencement et le Rhin vers la fin de notre voyage étaient également le sujet de nos conjectures et de notre admiration.

De temps en temps, de grandes masses écumeuses de nuages occupant les basses régions de l'atmosphère, et couvrant toute la terre d'un voile blanchâtre, interceptaient notre vue et nous laissaient, pendant quelque temps, dans l'indécision si ce n'était pas une suite de ces mêmes plaines couvertes de neige que nous avions si fréquemment remarquées.

De ces masses de vapeurs, plus d'une fois pendant la nuit, il paraissait sortir un bruit qui ressemblait tellement à une immense chute d'eau, ou à des vagues se brisant sur une grande étendue de côtes, qu'il nous fallait toute la force du raisonnement jointe à une connaissance certaine de la direction de notre marche, pour détruire l'idée que nous approchions de nouveau du rivage de la mer, et que, poussés par le vent, nous étions transportés vers les rives de la mer du Nord, ou prêts à atteindre les plages plus éloignées de la Baltique.

Il serait inutile de raconter toutes les conjectures auxquelles ce phénomène donna lieu, ou les différentes manières au moyen desquelles nous tentâmes de l'expliquer. Parmi ces conjectures, celles qui obtinrent le plus de crédit furent, ou qu'il provenait de quelque vaste forêt agitée par le vent, ou de quelque rivière coulant avec impétuosité dans son lit embarrassé, ou enfin que les vapeurs elles-mêmes, par l'action réciproque de leurs parties humides, ou leur déposition précipitée sur la surface irrégulière de la terre, avaient occasioné les murmures qui, se multipliant dans un espace aussi vaste, parvenaient à nos oreilles avec le caractère extraordinaire dont nous avons parlé.

A mesure que le jour approcha, ces symptômes disparurent, ainsi qu'une grande partie des doutes auxquels ils avaient donné naissance. Au lieu de la surface unie de la mer, nous découvrîmes graduellement l'aspect irrégulier d'un pays cultivé, au milieu duquel coulait ce fleuve majestueux que nous venons de signaler, et qui, après avoir partagé le paysage, se perdait dans des directions opposées, au milieu des vapeurs qui bordaient encore notre vue à l'horizon. Notre course nous dirigea au dessus de ce fleuve, et bientôt après nous le perdîmes de vue, derrière les éminences qui l'encaissaient de chaque côté.

Il était environ six heures du matin (1), quand

(1) L'heure qui se trouve indiquée ici et partout ailleurs, dans ce récit, est celle de l'observatoire de Green-

l'aérostat, s'étant élevé à une hauteur considérable, nous fit voir pour la première fois le soleil et nous réjouit à l'approche du jour.

Bien habile devrait être l'artiste qui oserait espérer de rendre fidèlement le spectacle qui, dans ce moment, se déploya à nos regards. La vaste étendue de la vue (1); la grandeur sublime, la variété infinie des objets qu'elle renfermait; la singularité de l'aspect sous lequel ils se présentaient et le contraste frappant qu'ils offraient avec la situation et les scènes auxquelles une nuit d'une obscurité extrême nous avait si long-temps condam-

wich. Les chronomètres de Weilburg avançaient de trente-quatre minutes sur ceux de Londres. Cette variation provenait de notre voyage à l'est, occasionant une différence de latitude d'environ huit degrés vingt minutes, entre ces deux villes.

(1) Si l'on réfléchit que notre position, à cette hauteur, nous aurait permis d'apercevoir des objets à une distance de plus de cinquante lieues à la ronde (c'est à dire si ces objets avaient été suffisamment grands ou suffisamment frappants pour fixer l'attention), on pourra se faire une faible idée de l'étendue de notre vue à cette époque de notre voyage. Placés ainsi au centre d'un cercle dont le diamètre excédait cent lieues, nous jouissions d'un horizon d'une circonférence de trois cents lieues, comprenant dans sa vaste étendue une surface visible d'environ huit mille lieues carrées.

nés, sont des circonstances et des effets qu'aucune description ne peut représenter convenablement pour les faire apprécier à leur véritable valeur. Il vaut beaucoup mieux laisser à une brillante imagination le soin de remplir le cadre que j'ai tracé sans prétention, que de courir le risque de gâter, par une description pâle et imparfaite, une scène qui, en grandeur et en magnificence, ne le cède en rien aux plus imposantes des merveilles de la nature.

Ce spectacle magnifique ne devait pas exciter long-temps notre joie; une descente rapide que nous fîmes ensuite le cacha à nos yeux et nous rejeta dans les ténèbres de la nuit qui étendait encore son voile sur la partie inférieure de l'atmosphère. Nous nous élevâmes de nouveau jusqu'à la hauteur d'où nous avions joui d'un spectacle si beau, et de nouveau nous le perdîmes de vue dans l'obscurité où nous plongea notre descente; ce ne fut qu'après avoir vu trois fois le soleil se lever et l'avoir deux fois perdu de vue que nous pûmes avec raison le considérer comme parvenu au dessous de l'horizon et voir le jour briller dans la plaine sous nos pieds. Depuis cette époque, notre attention se porta principalement vers la nature du pays et sur la commodité qu'il pourrait offrir pour la descente, que, dès lors, nous résolûmes d'effectuer à la première occasion.

L'incertitude dans laquelle nous nous trouvions nécessairement quant à notre position, incertitude qui provenait de l'ignorance où nous étions relativement à la distance que nous avions parcourue, nous avait principalement portés à cette résolution. Pendant quelque temps, l'apparence du pays, si différente de tous ceux que nous connaissions, nous fit soupçonner d'avoir passé les limites de cette partie de l'Europe où nous pouvions espérer de trouver les commodités nécessaires à nos besoins et à la sûreté du ballon.

La grande étendue de pays couvert de neige au dessus duquel nous avions passé durant la dernière partie de la nuit, et la ressemblance qu'il offrait à l'idée que nous nous faisions des plaines immenses de la Pologne, ou des terres stériles et inhospitalières de la Russie, nous confirmaient dans cette opinion; et comme les régions dont nous approchions paraissaient nous offrir des avantages que, dans cette opinion, nous ne pouvions pas toujours espérer de rencontrer, nous résolûmes de ne pas perdre l'occasion qui paraissait s'offrir si à propos.

Aussitôt que notre détermination fut arrêtée, nous fîmes nos préparatifs de descente ; la corde directrice fut halée (opération que rendaient difficile la mauvaise construction et le mouvement imparfait du guindal) ; l'ancre et le câble furent baissés, et tout arrangé pour profiter de la première occasion favorable qui se présenterait. A cet effet, nous quittâmes notre position élevée, et vînmes prendre, dans les régions inférieures, un niveau plus favorable, sur lequel nous continuâmes notre direction pendant quelque temps; l'heure peu avancée nous empêchant de compléter notre descente, dans la crainte de ne pas trouver l'assistance que l'aéronaute doit chercher, autant que possible, à obtenir.

Quand les vapeurs de la nuit se furent dissipées de la surface du sol, nous vîmes avec plaisir un pays couvert de routes, parsemé de villages, et qui présentait tous les indices d'une population riche et industrieuse. On voyait distinctement aussi une ou deux villes de certaine apparence, qui promettaient d'offrir aux voyageurs les commodités qu'on pouvait désirer. D'après l'opinion où nous étions, ces considérations n'étaient pas à dédaigner; en conséquence, ayant choisi le lieu le plus propice, la soupape fut ouverte et nous commençâmes notre descente.

Le lieu que nous avions choisi était une prairie formant un petit vallon d'environ un quart de mille de large, entouré de montagnes dont les flancs et les sommets étaient entièrement couverts d'arbres; au delà de ces montagnes, se trouvait un autre vallon du même genre; les seuls endroits convenables, à plusieurs milles à la ronde, où nous puissions opérer notre descente, des forêts sans fin complétant le paysage dans la direction où nous étions poussés.

Dans le premier de ces vallons nous nous hâtâmes de descendre, tâchant, autant que possible, de nous placer au centre, hors du danger des bois qui l'entouraient de toute part. Nous ne pûmes pourtant réussir dans cet espoir ; le vent, s'étant levé dès que nous fûmes près de la terre, augmentait la vitesse de l'aérostat à tel point, qu'avant que l'ancre eût pu mordre suffisamment, nous avions passé le milieu de la vallée, et, rasant rapidement la terre, nous nous trouvâmes lancés sur les coteaux boisés qui formaient la séparation des deux vallons. Jeter une quantité de lest pour faire lever le ballon et le mettre à l'abri du danger, c'était notre seule ressource. Mais un nouvel obstacle vint empêcher cette opération ; le sable qui formait le lest, gelé pendant la nuit, et n'étant plus qu'une masse solide, résistait à tous nos efforts pour le faire sortir du sac en proportion convenable, et le temps manquait pour en chercher un autre plus propre à cet objet. Il n'y avait pas un moment à perdre : le vallon était franchi ; les branches des arbres qui entouraient le coteau étaient à quelques pieds seulement de l'aérostat; l'ancre continuait à traîner, et il n'y avait nulle probabilité qu'il s'arrêtât. Dans cette position, une seule alternative nous restait ; le sac tout entier avec son contenu , pesant plus de 5o livres , fut aussitôt précipité sur la terre. En un instant le ballon , allégé d'un pareil poids , s'éleva à plus de mille pieds et , ayant franchi la montagne tout d'un coup , se dirigea rapidement vers les régions supérieures.

Pour parer aux conséquences de cette élévation si soudaine et éviter d'être transportés au delà de la seconde vallée , que nous avons déjà décrite comme le seul autre endroit propre à la descente, la soupape fut ouverte de nouveau , et donna issue à une quantité de gaz suffisante, suivant nous, pour arrêter l'aérostat dans sa course et nous permettre d'atteindre le point vers lequel tendait notre but. Une seconde fois nous devions être trompés dans notre attente. A peine cette manœuvre était-elle exécutée, que, par un autre caprice de la nature, le vent ayant diminué, nous nous trouvâmes tout d'un coup dans un calme, et descendant rapidement au milieu des bois qui couvraient le sommet et les côtés des hauteurs entre les deux vallons.

Nous ne fûmes sauvés de cet embarras qu'en jetant une autre partie de notre lest ; mais pas avant que la gravitation accélérée du ballon nous eût portés à une encâblure (1) de la terre

(1) La longueur du câble auquel l'ancre était attachée était de cent vingt pieds environ.

et presque sur la cime de la forêt. Dans cet état, nous continuâmes à planer pendant quelques instants; l'ancre, embarrassée dans les branches supérieures des arbres, saisissant et lâchant prise, selon la force du peu de vent qui se faisait sentir à notre hauteur.

Tandis que nous étions dans cette position, nous aperçûmes, dans un des sentiers du bois, deux femmes, les premiers êtres qui s'offrirent à nos yeux, et qui, ne pouvant revenir de leur étonnement, paraissaient pétrifiées à la vue d'une pareille apparition. Ce fut en vain que nous leur parlâmes avec le porte-voix, dans l'espoir d'obtenir le secours de quelques hommes que nous devions supposer être dans le voisinage. Le son de nos voix, venant d'une telle hauteur et par un moyen qui leur semblait si surnaturel, ne faisait qu'augmenter leur étonnement et ajouter à leurs craintes; sans vouloir nous écouter davantage, elles s'enfuirent et disparurent dans le taillis.

Après être restés quelque temps encore dans cet embarras, nous parvînmes enfin à l'extrémité des bois; alors prenant la résolution de ne pas être trompés de nouveau dans nos desseins, par l'inconstance du vent, nous ouvrîmes la soupape dans toute sa grandeur, et l'ancre ayant mordu peu après, nous arrivâmes à terre avec une rapidité qui pourtant n'eut pour nous rien de désagréable (1).

Il était sept heures et demie précises quand cette circonstance eut lieu, et que nous pûmes considérer l'expédition comme entièrement terminée. En se reportant à l'heure de notre départ de Londres, on verra que la durée de notre voyage avait été de dix-huit heures

Quand la descente fut terminée et la force de l'aérostat suffisamment épuisée pour permettre à l'un des voyageurs de quitter la nacelle, les habitants, qui jusqu'alors s'étaient tenus à l'écart, examinant nos manœuvres du fond du taillis, commencèrent à venir en foule de tout côté; nous regardant d'abord avec défiance et étonnement, et jetant souvent les yeux dans la direc-

(1) On ne peut trop louer la conduite de M. Green dans les circonstances qui précédèrent et accompagnèrent cette descente. Ce n'est pas après avoir lu une simple description des difficultés qui se sont présentées et des moyens employés pour les surmonter qu'on peut apprécier tout le mérite d'une pareille conduite; il faut y ajouter une autre considération, c'est la connaissance que ces difficultés ne provenaient pas de la même source que les moyens qui les avaient surmontées. C'est sous ce point de vue que l'on doit examiner la conduite de notre célèbre pilote. Les difficultés qui se présentaient provenaient de la nature seule; le succès et les moyens étaient tous à lui.

tion d'où nous étions descendus, dans l'attente, sans doute, de voir la suite de cet événement si inexplicable pour eux.

Quelques mots d'allemand suffirent pourtant pour dissiper leurs craintes et nous assurer leurs secours; alors voulant, par leurs efforts, réparer leur première froideur, ils s'empressèrent de nous aider et parurent vouloir nous servir à l'envi. Nous fîmes tout ce qui dépendait de nous pour maintenir cette bonne harmonie. Nos provisions de biscuits, de vin et d'eau de vie disparurent bientôt; le goût leur en paraissant sans doute meilleur, à cause du voyage extraordinaire qu'elles venaient de faire: L'eau de vie surtout, plus forte qu'aucune autre qu'ils eussent jamais goûtée, excitait principalement leurs éloges; et comme chacun à son tour buvait sa part, ils semblaient, par l'exclamation de *« Himmlischer schnapps »* (boisson céleste), autant que par leurs yeux dirigés vers le ciel, indiquer l'endroit d'où ils paraissaient convaincus qu'une boisson si délicieuse pouvait seulement provenir.

Ce fut d'eux que nous apprîmes alors le lieu où nous étions descendus, et sûmes pour la première fois que nous étions dans le duché de Nassau, à environ deux lieues de Weilburg, la ville la plus proche où nous pouvions espérer de trouver les commodités nécessaires. En conséquence, nous résolûmes de nous y rendre,

et , nous étant procuré un chariot et deux che-
vaux pour transporter le ballon , nous quittâmes
ce lieu si mémorable pour nous (1) , suivis d'une
foule de gens de tout âge, et nous nous dirigeâmes
vers Weilburg, où en peu d'heures nous arrivâmes.

La nouvelle de notre entreprise nous avait
pourtant déjà précédés. A notre approche, nous
fûmes salués de vives acclamations , et une
réception hospitalière avait été préparée pour
notre venue. Toutes les ressources de la ville furent alors mises à notre disposition ; le manége du
duc nous fut offert pour mettre le ballon , et des
sentinelles , plutôt comme gardes d'honneur que
comme gardes de sûreté, furent placées aux por-
tes et passages qui y aboutissaient.

Nous résolûmes de rester en cet endroit
pour attendre les réponses aux lettres que nous
avions adressées à Paris, immédiatement après
notre descente et qui devaient régler nos mouvements. En même temps nous profitâmes de ce
délai pour déballer et gonfler le ballon , autant

(1) Le lieu exact où nous fîmes notre descente est une
prairie, à côté d'un moulin nommé Dillhausen, situé
dans la vallée d'Elbern , commune de Niedershausen, à
environ deux lieues de la ville de Weilburg, déjà célèbre
dans les annales de l'aérostation, comme étant le lieu
où le fameux Blanchard avait opéré sa descente, après
l'ascension qu'il avait faite à Francfort en 1785.

pour le sécher et l'examiner que pour satisfaire la curiosité d'une population qui nous avait si bien accueillis. On le croirait à peine, si je rapportais l'intérêt avec lequel les habitants semblaient regarder ce spectacle si nouveau pour eux ; la foule de ceux qui arrivaient de tout côté pour le voir, et la vive reconnaissance qu'ils ne cessaient de nous exprimer pendant le temps qu'il resta exposé à leur admiration.

Enfin, rien ne pouvait excéder l'honnêteté et les égards que nous éprouvâmes de la part de cette population franche et hospitalière, pendant notre séjour à Weilburg. Chacun semblait rivaliser pour nous faire honneur, et contribuer à notre amusement. Des bals, des dîners, des concerts et d'autres fêtes en notre honneur se succédèrent sans intervalle, et les félicitations de la ville nous furent adressées par une députation des principaux citoyens, à la tête desquels se trouvait leur premier magistrat, qui nous remit une déclaration signée et scellée par les différentes autorités du pays.

Parmi les amusements que notre arrivée inattendue à Weilburg occasiona, nous ne devons pas omettre la cérémonie du baptême de l'aérostat, qui eut lieu la veille de notre départ : le baron Bibra, grand-maître des eaux et forêts, et le colonel baron de Preen, en furent les parrains; la baronne de Bibra et la baronne de Dungern ,

les marraines. Après avoir été gonflé d'air, autant que le permettait le local, huit jeunes de-
moiselles, accompagnées par M. Green, entrè-
rent dans ses flancs monstrueux ; alors le nom
de « Grand Ballon de Nassau » lui ayant été
donné par la fille du baron de Bibra, l'une
d'elles (mademoiselle Thérésa), et une copieuse
libation de vin ayant été jetée sur ses parois
intérieures par les belles mains de cette jeune
demoiselle, la cérémonie fut terminée par une
collation composée des provisions qui nous res-
taient au moment de notre descente.

Après une réception si bienveillante, il serait
difficile d'indiquer une personne qui, plus qu'une
autre, méritât notre reconnaissance. Parmi ceux
qui, par leur rang et leur fortune, ont droit à
une mention particulière, se trouvent le baron
de Bibra, grand-maître des eaux et forêts; le
baron de Dungern, grand-écuyer de son altesse,
pensionné ; le colonel baron de Preen, et leurs
aimables familles ; M. Hutchsteiner, premier
conseiller de médecine; M. Giesse, premier conseiller de justice; M. Freydemann, chef de l'U-
niversité ; M. Barbieux, attaché au même établissement; ainsi qu'une foule d'autres personnes,
dont la simple indication des noms ne serait
qu'une bien faible récompense pour toutes les
honnêtetés et les attentions que nous avons reçues

de leur part. Par l'intermédiaire du baron de Bibra, nous avons fait présenter au duc de Nassau les drapeaux (1) qui avaient orné notre nacelle, comme une faible reconnaissance de l'hospitalité qui nous avait été accordée pendant notre séjour dans ses États, avec la prière qu'ils fussent conservés dans les archives du palais ducal à Weilburg, où ils sont en ce moment, à côté de celui qu'avait déposé M. Blanchard, un demi-siècle avant, pour perpétuer le souvenir d'un évènement semblable.

Ainsi se termina une expédition qui, soit que l'on envisage l'étendue de pays qu'elle parcourut, soit la durée du temps employé à l'exécuter, soit le résultat de l'expérience qui en faisait l'objet, peut à juste titre être considérée comme l'une des plus intéressantes et des plus importantes du même genre qui, jusqu'ici, ont été

(1) Outre les couleurs et les armes d'Angleterre, ces drapeaux offraient une suite de quatre tableaux allégoriques, représentant la naissance et les progrès de l'aérostation. Indépendamment, toutefois, du mérite qu'ils pouvaient posséder par leur dessin ou leur travail, il y avait une circonstance qui devait les rendre chers aux aéronautes, c'est qu'ils avaient déjà fait deux cent vingt et un voyages dans les airs, ayant toujours servi à M. Green depuis sa cinquième ascension.

réalisées. Partis de Londres et traversant la mer
(que le hasard seul empêcha de jouer un rôle
plus imposant) dans le court espace de dix-
huit heures , nous accomplîmes un voyage qui,
compris les détours que nous avons vérifiés depuis, excède une étendue de deux cents lieues.

Il serait sans fin et sans utilité d'énumérer tous
les endroits remarquables que, par un examen
postérieur de la carte, joint aux rapports de notre
apparition aux différents lieux sur la route, on
verra que nous avons ou visités ou approchés
pendant ce trajet extraordinaire. Une portion
considérable de cinq États de l'Europe, l'Angleterre, la France, la Belgique, la Prusse et le
duché de Nassau ; une longue suite de villes ,
Londres, Rochester, Canterbury, Douvres, Calais, Cassel, Ypres, Courtray, Lillé, Oudenarde,
Tournay, Ath, Bruxelles, avec les champs de
Waterloo et Jemmapes , Namur, Liége, Spa ,
Malmédy, Coblentz, et une foule innombrable
de bourgs et de villages, vinrent tous successivement se présenter sous un horizon que notre
élévation (1) et les différens détours que nous

(1) La nécessité d'économiser nos ressources , au commencement d'un voyage dont la durée était si incertaine,
faisait que notre élévation moyenne était plutôt au dessous
qu'au dessus du niveau ordinaire des voyages aériens.

fîmes nous permirent d'étendre bien plus loin qu'on ne pourrait le supposer, si on se bornait à tracer une ligne pour joindre les deux extrémités de notre route.

Vers le matin, pourtant, comme cette nécessité devenait moins impérieuse, nous devînmes plus prodigues et nous élevâmes souvent à une hauteur d'environ douze mille pieds et quelquefois même plus. Dans aucun cas, cependant, nous n'avons ressenti sur nous le moindre effet provenant de la diminution de la pression atmosphérique, et même si je dois parler d'après mes propres observations, encore plus d'après celles de M. Green, dont l'expérience sur ce point surpasse de beaucoup celle de tous les autres aéronautes, je doute que de tels effets résultant d'une telle cause se soient jamais manifestés, au moins à la hauteur à laquelle on a pu atteindre jusqu'ici. Les sensations qu'on éprouve à gravir les montagnes les plus élevées, et les convictions que ces sensations ne pouvaient provenir que de l'élévation supérieure, ont sans doute été la cause principale de cette opinion, que la plupart des aéronautes, recherchant la réputation de préférence à la vérité, ont concouru à établir. Partageant eux-mêmes les opinions reçues, et ne pouvant expliquer pourquoi ils n'éprouvaient pas, dans *une situation*, les sensations qu'ils savaient exister dans une *autre apparemment semblable*, ils se trouvaient obligés, afin de faire croire à ce qu'ils avaient *réellement* exécuté, d'avancer l'existence des sensations que, selon l'opinion générale, ils auraient dû éprouver, s'ils avaient, en effet, atteint la hauteur à laquelle ils assuraient être parvenus. A l'influence de

Dans tout ceci, il n'y avait qu'une chose à re-gretter, la saison de l'année, qui, ne laissant qu'un petit nombre d'heures de jour, donnait à l'obscurité de la nuit une si grande partie de

ces sentiments et à l'ignorance générale de la plus grande partie des personnes qui se livraient à cette profession, on doit sans doute attribuer les nombreux rapports exagérés relativement aux difficultés physiques éprouvées par ceux d'entre eux qui avaient ou plutôt prétendaient avoir porté leurs recherches plus loin que ne l'avaient fait leurs prédé-cesseurs. L'émulation se joignant à ces motifs déjà en eux-mêmes si puissants, il n'y avait pas de bornes aux contes extravagans et absurdes que débitaient ces messieurs à ce sujet. L'un monte si haut, que les rides de sa figure disparaissent par le gonflement de sa peau, et au grand étonnement de son fils, bien qu'au delà de sa climaté-rique, il reprend par degré l'apparence de sa première jeunesse. Un autre, transporté par sa noble audace, pénètre dans les régions mystiques de l'empyrée, jusqu'à ce que sa tête, devenue deux fois plus grosse, ne lui permet plus de garder son chapeau ; tandis qu'un troisième, ne voulant pas rester en arrière avec les autres, et augmentant d'imagination en même temps qu'il augmente de hauteur, monte jusqu'à ce que sa tête devient si petite, qu'il ne peut empêcher son cha-peau de tomber sur ses yeux: Tous, néanmoins, de-meurent d'accord sur les conséquences physiques de la diminution de la pression atmosphérique, et avancent l'existence de tous ces effets dans toute leur force, qui signalent les efforts tentés pour s'élever à une grande haul'entreprise. Mais, sur ce point, nous n'aons pas eu à choisir; le besoin continuel qu'on avait du ballon pour la spéculation qu'en faisaient les

teur sur la surface de la terre. Mais ces deux situations ne sont pas du tout les mêmes; ce n'est pas à une origine seule, mais à une réunion de différentes causes dont la plus importante n'existe pas pour l'aérostation, que doivent se rapporter ces effets qui jouent un rôle si remarquable en gravissant les montagnes; c'est à l'exercice extraordinaire du corps, aux efforts violents du système musculaire, nécessairement développés pour y parvenir, que tous ces symptômes physiques doivent leur origine, et qui, augmentés par le froid excessif et la raréfaction inusitée de l'air, se manifestent par des nausées désagréables, une respiration gênée, des hémorragies abondantes, le pouls élevé, une faiblesse extrême, et tous les autres indices d'une action excessive des poumons dans des régions où il n'existe pas autant de moyens de suppléer à leurs besoins. Je sais parfaitement que des autorités respectables paraissent s'opposer à cette opinion; je sais également que, pour donner un démenti formel à l'expérience d'un autre, il faut avoir atteint une hauteur égale, sans avoir éprouvé les mêmes effets; si pourtant à une élévation de vingt mille pieds on n'éprouve nul symptôme de ces sensations qui, à deux mille pieds de plus, se déclarent d'une manière si épouvantable, je dois dire ou que ces effets ne se manifestent en aucune manière, ou que deux mille pieds de ce genre n'existent dans aucune partie du monde que nous connaissions jusqu'ici. Quel est le plus probable des deux? je le laisse au public à décider.

propriétaires à Londres, pendant les mois d'été,
ne nous avait pas permis d'espérer de l'obtenir
dans une meilleure saison de l'année, surtout
pour une entreprise comme la nôtre, dont on ne
pouvait déterminer ni la durée ni la distance.
L'expédition, en conséquence, devait avoir
lieu alors, ou être entièrement abandonnée :
de ces deux alternatives, nous préférâmes la première.

Avant de terminer ce récit imparfait, je dois
dire deux mots sur le succès de cette découverte, qui formait l'objet principal de notre
entreprise. Quant à ce succès, je n'hésite pas
maintenant à le déclarer entier, et la découverte
elle-même, d'une importance, pour l'avancement
de l'art, qui peut à peine, aujourd'hui, être convenablement appréciée. A l'aide d'un tel pouvoir,
il ne paraît point exister de limite à ses progrès,
point de borne à l'étendue de ses relations. Toutes
les objections spéculatives qu'une considération
superficielle aurait pu suggérer se trouvent maintenant démenties par l'expérience, et, peut-être,
la meilleure réponse qu'on pourrait donner à
ceux qui seraient disposés à critiquer son emploi
ou douter de son effet sera que, par ce moyen
seul, après avoir parcouru, sans empêchement
ou obstacle, sans danger ou difficulté, une si
grande partie du continent européen, nous avons

pu arriver à notre but avec encore assez de force pour continuer, si nous eussions voulu, notre course autour du globe entier.

FIN.

www.ingramcontent.com/pod-product-compliance
Ingram Content Group UK Ltd.
Pitfield, Milton Keynes, MK11 3LW, UK
UKHW022131070726
13613UKWH00003B/1318